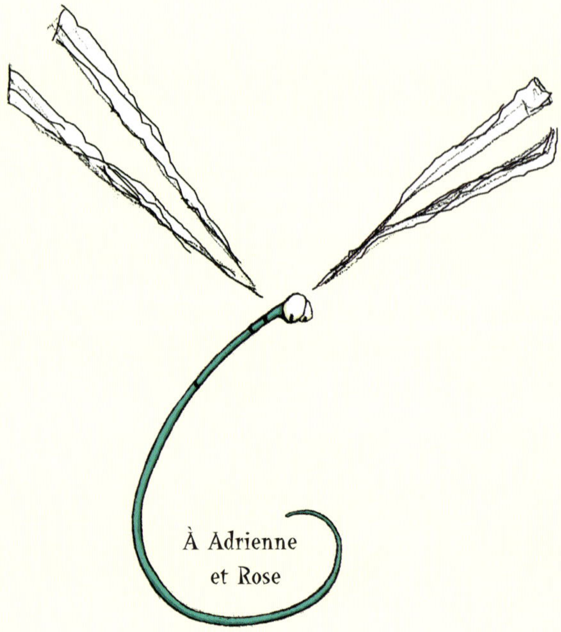

À Adrienne
et Rose

Loi numéro 49 956 du 16 juillet 1949 sur les publications
destinées à la jeunesse : septembre 2002
Dépôt légal : septembre 2002
Imprimé en France par Jean Lamour à Maxéville

www.editions-kaleidoscope.com

Diffusion l'école des loisirs

Stéphane Sénégas

Pourquoi les libellules ont le corps si long

d'après un conte zaïrois

kaléidoscope

Il était une fois un village où hommes et bêtes vivaient en harmonie et où la paix régnait.

Chaque matin, les villageois s'éveillaient au chant du coq et se mettaient à vaquer aux tâches de la journée.

Chaque matin, le coq attendait
le coassement strident de la grenouille
pour lancer
son « cocorico »
claironnant.

Et il en allait ainsi, jour après jour,
depuis l'aube des temps.
Mais il suffit de peu de choses
pour que tout bascule...

Un soir, alors que la nuit tombait,
une jeune villageoise qui n'avait pas terminé sa corvée…

… pila, pila le manioc,
tant et si vite, tant et si fort,
qu'elle réveilla une grosse libellule.
Furieuse, celle-ci se précipita
sur la femme…

... et la piqua.
De douleur, la villageoise lâcha son pilon.
Le pilon renversa une grande cruche d'eau.

L'eau coula dans le trou où dormait le python.

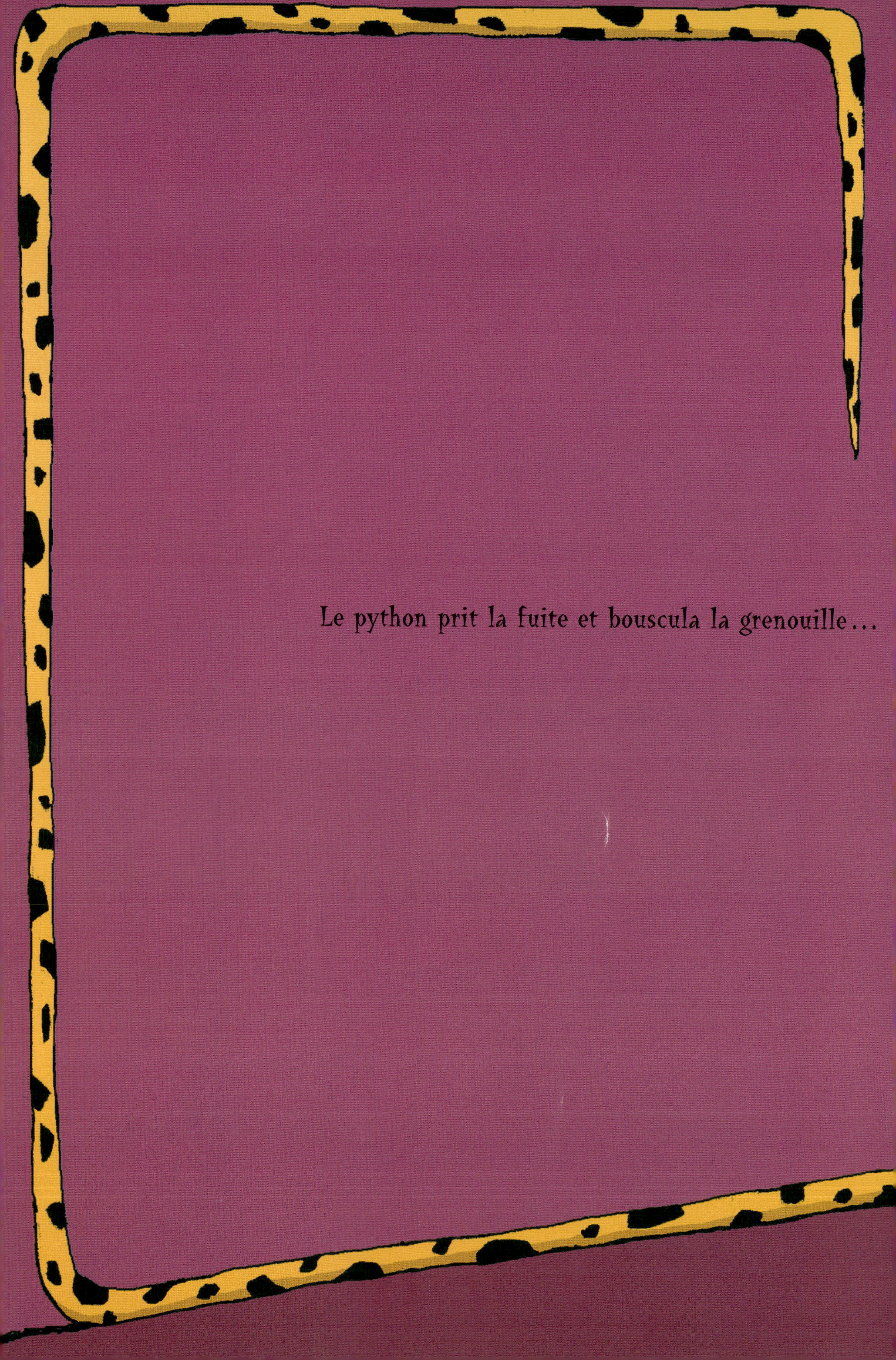

Le python prit la fuite et bouscula la grenouille…

… qui, de peur, se mit à coasser.

Alors le coq chanta.

Et le village tout entier
fut réveillé en pleine nuit.

Personne n'avait assez dormi, la mauvaise humeur régnait.
Des bagarres éclatèrent.

Le chef du village était consterné.
Jamais il n'avait connu un tel désordre.

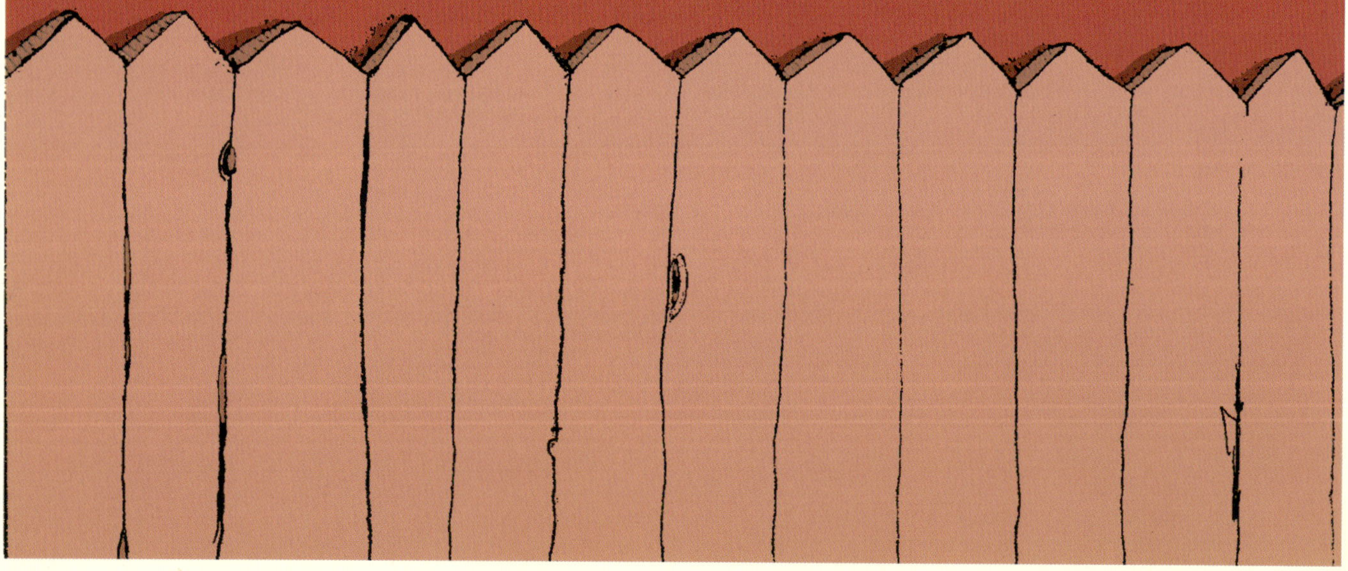

Il convoqua le coq.
«Ce n'est pas ma faute, Chef.
Si j'ai chanté,
c'est parce que j'ai entendu
la grenouille coasser.»

Le chef convoqua alors
la grenouille. « C'est à cause
du serpent », s'écria-t-elle.
J'ai eu si peur !
Il m'a attaqué ! »

Interrogé, le python se défendit.
« Jamais je n'attaquerai la grenouille.
Mais quelqu'un a inondé ma maison et j'ai dû m'enfuir. »
La jeune villageoise s'avança.
« Chef, je n'ai pas voulu chasser le serpent
de chez lui. Mais j'ai été piquée par la libellule,
j'ai fait tomber mon pilon, la cruche s'est renversée... »

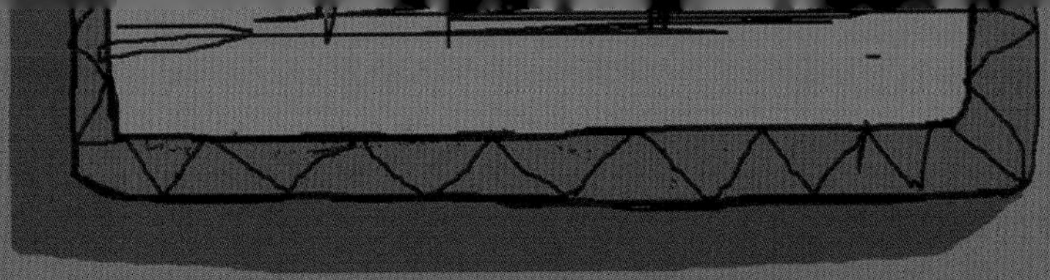

«SUFFIT ! s'écria le chef exaspéré. LIBELLULE !»
«Oui, Chef ?» fit une toute petite voix.
«Tu as mis tout le village sens dessus dessous.
Pour cela, tu iras en prison !»
«Mais Chef…»
«SUFFIT !» hurla le chef qui crut
en avoir assez entendu.
La libellule fut donc emmenée,

emprisonnée,

puis enchaînée.
Comme elle se débattit !
Elle tira, tira…

… tira tant et plus
que tout son corps s'allongea.

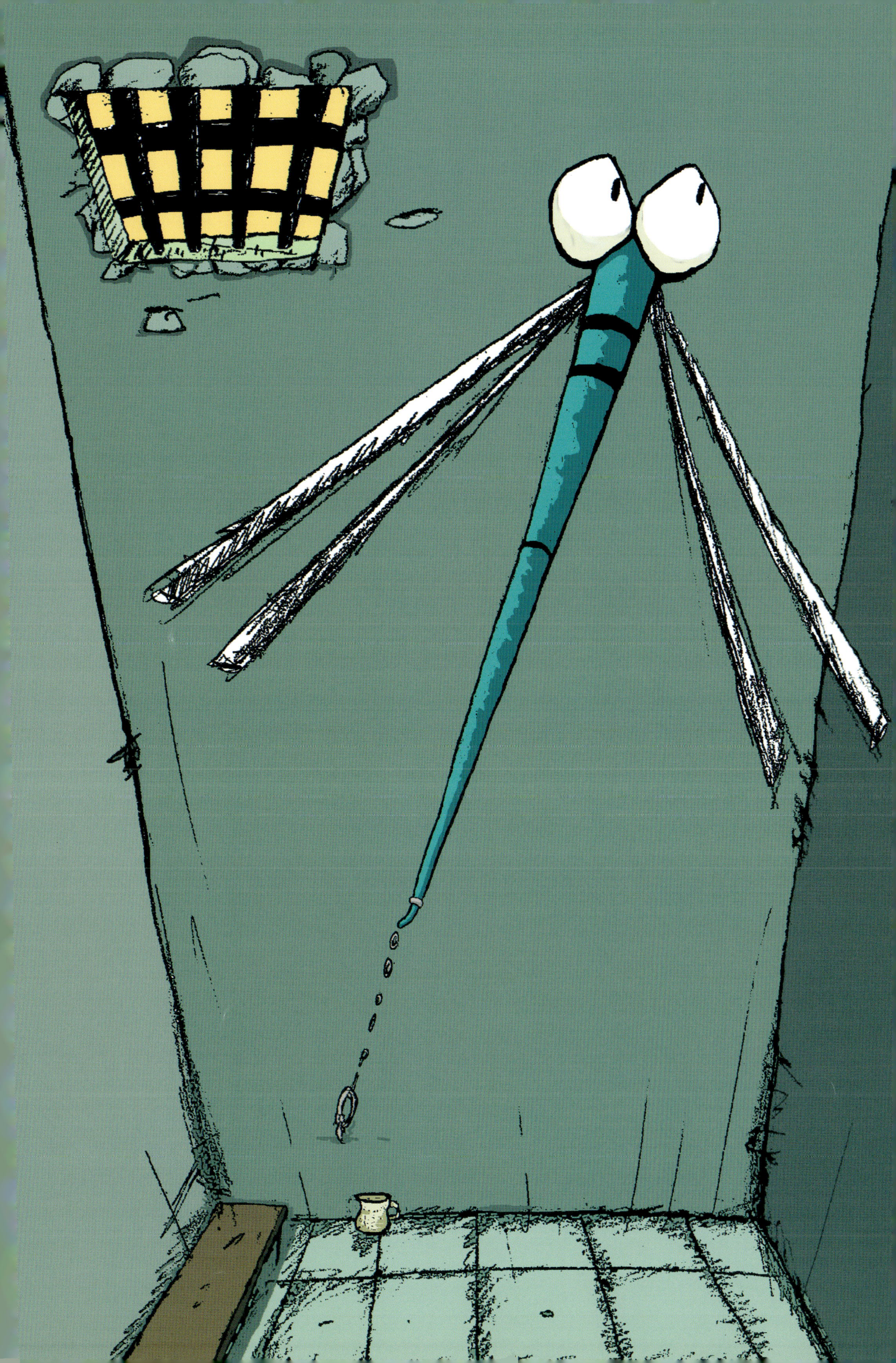

Et c'est depuis ce temps-là, dit-on,
que les libellules ont le corps si long.